SUPER KNOWLEDGE

超级涨知识

北京市地理特级教师
李京燕 主审

小猛犸童书

朱岩 编著
石子儿童书 绘

绕不开的
地理常识

6

地理冷知识 TOP100 (下)

電子工業出版社·
Publishing House of Electronics Industry
北京·BEIJING

目 录

江河湖海 20

世界地理 20

中国 10

地球上的水从何而来？

地球在太阳系的行星中是独一无二的，因为它表面有液态水形成的海洋，而水也是地球存在生命的重要条件。但地球上的水是从哪里来的呢？

一些科学家认为，地球表面的水来自冰冻的小行星。它们在地球形成初期，撞击了地球，然后"送水上门"。

也有一些科学家认为，是太阳风将水送到了地球。太阳风带来的氢、氧等原子核在大气层中发生反应形成水分子，然后以降水的形式落到了地球上。

不过，也有不少科学家质疑这种观点，无论是小行星还是太阳风，都很难给地球"送"来如此大量的水。

因此，另一些科学家认为，地球上的水来自地球自身。在地球形成时，很多水被封存在地球内部。随后，在地球环境的变化过程中，这些水被释放出来，形成地表的河流、湖泊和海洋。

世界上最"大"的河流是哪条？

说起世界上最"大"的河流，有不同标准：长度最长的河流，流域面积最广的河流，平均流量最大的河流。

红海

尼罗河

尼罗河流经非洲东部和北部，注入地中海，全长6650千米，是世界长度最长的河流。古埃及文明便是依靠尼罗河而发展、兴盛起来的。

亚马逊河

位于南美洲的亚马孙河全长6448千米，只能屈居世界第二。但它的平均流量能达到20.9万立方米每秒，比尼罗河、长江、密西西比河的总和还要大几倍，是世界上平均流量最大的河流。亚马孙河的流域面积达到611.2万平方千米，约占南美大陆总面积的40%，也是世界上流域面积最广的河流。

刚果河

非洲中部的刚果河虽然长度仅4835千米，但它的流域面积和平均流量都仅次于亚马孙河，位居世界第二。

世界上最大的三角洲在哪里?

恒河三角洲

位于南亚孟加拉国和印度交界处的恒河三角洲是世界上最大的三角洲,其面积超过 10.5 万平方千米。恒河三角洲由恒河、布拉马普特拉河及其他规模较小的河流共同冲积形成,三角洲顶点位于印度的法拉卡,南临孟加拉湾,宽度近 350 千米。

恒河三角洲规模巨大,主要是由于恒河和布拉马普特拉河流域属热带季风气候带,降水丰富,水量十分巨大,所携带的泥沙量也非常惊人。

而入海口附近地势和缓低平,平均海拔仅在 10 米左右。河水流至此处速度十分缓慢,因而有大量泥沙沉积。

恒河三角洲河网密布,土壤肥沃,自然条件优越,农业发达,人口密集。但时常发生的洪涝灾害也给生活在这里的人带来严重威胁。

世界上最长的运河是哪条?

与天然形成的河流不同，运河是指人工开凿的水道。几千年来，世界各地的人们都通过修建运河，改善水运交通或是获取稳定的水源。

中国的京杭大运河北起北京，南至杭州，纵贯南北，全长约 1794 千米，是世界上最长的一条运河。

大运河的开凿历史悠久。春秋时期，吴王夫差开凿的邗沟，连通了长江与淮河。隋代以东都洛阳为中心，南连余杭，北通涿郡，建设了长达 2700 余千米的隋唐大运河。

元代定都北京，将原有的隋唐大运河"裁弯取直"，自北京南下直达杭州，形成了今天京杭大运河线路的主体。

京杭大运河沟通了海河、黄河、淮河、长江、钱塘江五大水系，是古代南北水上交通运输的重要线路，2014 年中国大运河成功入列世界文化遗产名录，京杭大运河和隋唐大运河位列其中。现在京杭大运河许多河段起着重要的观光航运作用。

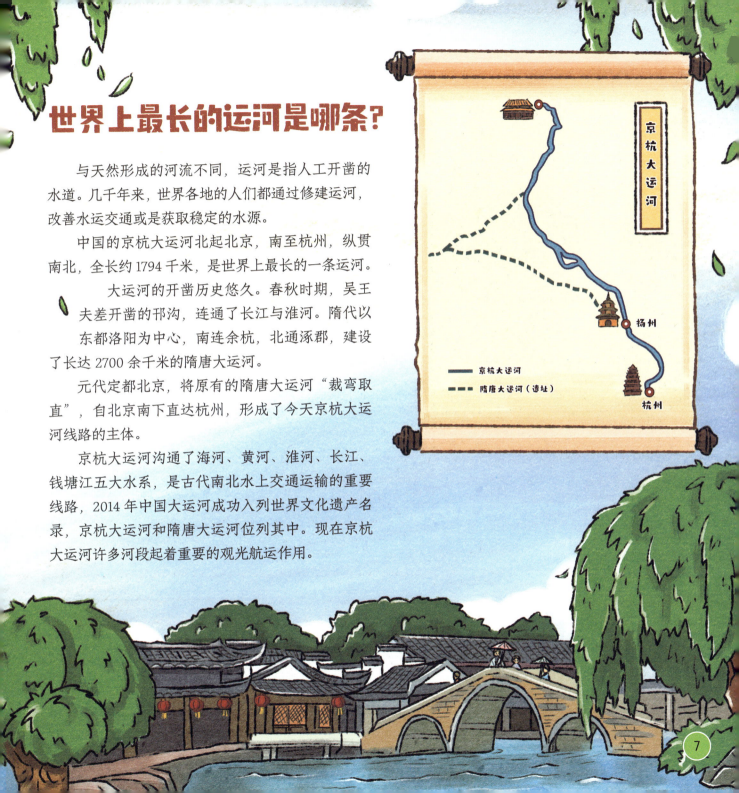

京杭大运河

——— 京杭大运河

------ 隋唐大运河（遗址）

扬州

杭州

世界上最壮观的瀑布在哪里?

藏身于南美洲委内瑞拉南部高原的安赫尔瀑布是世界上落差最大的瀑布。丘伦河水从山顶直流而下，总落差约979米，比三个埃菲尔铁塔还要高。由于安赫尔瀑布实在太高了，在温暖干燥的天气里，所有从山顶倾泻而下的水在到达山脚前，就已蒸发成了水雾。

伊瓜苏瀑布位于巴西与阿根廷的边界，是伊瓜苏河从巴西高原落入巴拉那峡谷形成的。伊瓜苏瀑布由275股大小瀑布组成，总宽度超过2700米，是世界上最宽的瀑布。雨季时，河水流量巨大，瀑布极为壮观。

安赫尔瀑布

伊瓜苏瀑布

尼亚加拉瀑布地处美国和加拿大边界，是尼亚加拉河上三座瀑布的总称。它的水流量巨大，平均流量近2500立方米每秒，是世界上流量最大的瀑布。

尼亚加拉瀑布

为什么河流和湖泊只有表面会结冰?

在寒冷地区的冬天，河流和湖泊的水往往会冻结成冰。气温越低，冰层就越厚，但似乎不会出现河流和湖泊完全冻住的情况。

之所以如此，与水本身特别的物理性质有关。一般来说，一种物质在固态时，密度会大于液态，但是水却在4℃时密度最大。如果温度高于或低于4℃，水的密度都会降低。

当温度低于0℃时，水会冻结成冰。而冰的密度小于液态水，就会浮在水的表面。因此，河流和湖泊结冰时，冰总是浮在水面之上。

而冰又会成为一个很好的"保温层"。当外界温度下降时，冰层的表面温度首先下降。但是，冰传递热量的能力较差，冰层以下水的温度不会快速下降。

浮起来了

如果水没有这样的特点，河流和湖泊在冬天全部冻住，其中的所有水生生物也无法继续生存，整个地球恐怕会变一个模样。

冰川为什么是蓝色的?

生活中的冰通常是白色的。但在寒冷的极地或高海拔地区形成的冰川，却往往呈现亮丽的蓝色，仿佛一块块巨大的蓝水晶。为什么会有这样的差别呢?

我们日常所见的冰，是由液态的水冷却到0℃以下凝结形成的。冰中含有很多小气泡，使得进入冰的光线会在冰和气泡的界面上反射，冰便呈现白色。

冰川尽管也是冰，但它却是由不断积累的雪形成的。新降的雪压在过去的雪上，将原本比较松散的雪逐渐压实，成为粒雪。

随着压力越来越大，粒雪变得越来越紧密、坚硬，最终形成冰川冰。在这个过程中，大量气泡被挤压出去，不再能像一般的冰一样反射入射的光线。

而水对其他颜色的吸收能力，强于对蓝色光的吸收能力，因此冰川就呈现令人心醉的蓝色。冰川形成的时代越久、厚度越大，蓝色就越明显。

里海到底是海还是湖?

里海位于中亚、西亚与东欧之间,周边有俄罗斯、哈萨克斯坦、土库曼斯坦、伊朗和阿塞拜疆五个国家,战略地位十分重要。

里海名虽为"海",但从地理学角度来说,它是一个面积巨大的湖泊,总面积达 38.6 万平方千米,是世界上最大的湖泊。

里海拥有丰富的资源,石油蕴藏量达 600 亿吨,天然气储量达 14 万亿立方米,被誉为"第二波斯湾"。

为了争夺里海的油气资源,周边的五个国家却对里海是"海"还是"湖"的身份争论不休。如果是"湖",那么里海的资源将由五国共享;如果是"海",则需要按照《国际海洋公约》进行划分。

经过多年的争论与谈判,里海周边五国终于在 2018 年签署了协议,根据实际情况划定了各自的领海、专属捕鱼区及海底资源,将里海变成了一片"非海非湖"的特殊水体。

"五大湖" 是如何形成的?

在美国和加拿大交界的地方,分布着苏必利尔湖、休伦湖、密歇根湖、伊利湖和安大略湖,合称"五大湖"。"五大湖"是世界上面积最大的淡水水域,总面积超过 24 万平方千米,和英国领土的面积相近。其中,苏必利尔湖面积约 8.2 万平方千米,是世界上面积最大的淡水湖。

苏必利尔湖

休伦湖

安大略湖

密歇根湖

伊利湖

"五大湖"中储存着超过 2.2 万立方千米的淡水,占世界地表淡水的 21%,堪称是一座天然的"超级水库"。

神奇的是,"五大湖"的形成竟是冰川的功劳。第四纪冰期时,冰川曾覆盖到这片区域,侵蚀形成凹陷的洼地。

1 万多年前,随着全球温度上升,冰川开始退缩。冰川融水在洼地汇聚,逐渐形成了这五个大湖。

贝加尔"湖"里为什么生活着"海"豹?

我像大海一样辽阔。

位于俄罗斯中部的贝加尔湖历史久远,已经在地球上存在了约3000万年。最初,这里由于欧亚板块内部的断裂而形成狭长的深谷,然后随着四周河流的汇聚,逐渐形成湖泊。

贝加尔湖呈细长的新月形,南北长680千米,东西宽仅40~50千米。得益于巨大的深度,贝加尔湖也成为世界蓄水量最大的淡水湖泊。

更神奇的是,在贝加尔湖中生活着贝加尔海豹。这是世界上极少数生活在淡水中的海豹。根据科学家的研究,贝加尔海豹确实源自海洋,是环斑海豹的近亲。

最可能的情况是,生活在北冰洋的环斑海豹,为追逐猎物进入了叶尼塞河,并逐渐向上游移动,其中的一支最终进入了贝加尔湖。

后来,叶尼塞河的环境发生变迁,海豹不能继续沿着河流往返贝加尔湖和海洋。于是,在贝加尔湖中生活的海豹慢慢演化形成了新的物种。

人真的可以躺在死海的水中看报纸吗？

死海位于西亚地区以色列、约旦和巴勒斯坦的交界处，名为"海"，实际上是一个面积约 810 平方千米的内陆湖泊。

不过，死海真的比普通海洋"咸"很多。一般海水的含盐量为 3.5%，而死海的含盐量在 23% ~ 30%，也就是 100 克海水中有 23 ~ 30 克盐，是普通海水的 7 倍以上。

死海地区降水量小，温度高，流入死海的水大量蒸发，而矿物质则留在其中，让它变得越来"咸"。

正因如此，死海中水的密度也比淡水高很多，可以产生更大的浮力，让人漂浮在水面上。躺在死海中看报纸，也成了一种独特的体验。

死海还是世界上地势最低的湖泊，湖面的海拔为 -424 米，比海平面的高度要低 400 多米。

咸海为何会濒临消失？

咸海是位于中亚地区哈萨克斯坦和乌兹别克斯坦两国交界处的一个大湖，水域面积曾达到 6.8 万平方千米。

咸海深居内陆，距离真正的大海十分遥远，湿润的水汽难以达到，形成了干旱少雨的温带大陆性气候。湖泊的水源主要来自阿姆河、锡尔河两条内陆河流。

20 世纪 60 年代起，苏联对中亚地区进行农业大开发，修建了运河、水库等一系列水利工程，将阿姆河、锡尔河的河水用于农业灌溉。人们对两条河流的过度开发，导致最终能流入咸海的水越来越少，咸海的面积减少了近 90%，曾经的世界第四大湖濒临消失。

原本碧波荡漾的湖面，变得一片荒凉。当地气候不断恶化，沙尘暴频发。而湖泊的含盐量不断上升，鱼类无法适应而大量灭绝。科学家认为，这是"地球上最严重的生态灾难发生地"。

巴尔喀什湖为什么会一半咸、一半淡?

巴尔喀什湖是位于中亚地区的内流湖,东西长而南北窄,面积超过1.6万平方千米。

神奇的是,巴尔喀什湖的西半部分是淡水湖,而东半部分却是咸水湖。

发源于天山山脉的伊犁河在巴尔喀什湖西侧汇入,带来了充足的淡水,使得湖的西半部分保持着比较低的盐度。

湖的东半部分只有几条小河汇入,水量有限,往往还没有湖泊蒸发的水量多。于是,湖的东半部分盐分不断提高。

而在湖泊的中部,有一个向北伸出的萨雷耶西克半岛。半岛以北的水道十分狭窄,仅有约3500米宽,阻碍了东西两侧湖水的交流,因而形成了"一湖分咸淡"的状态。

珊瑚海里真的有很多珊瑚吗?

珊瑚海位于太平洋西南部,面积达479万平方千米。它是世界所有海中唯一面积超过400万平方千米的,是当之无愧的"海中老大"。

珊瑚海的大部分区域水深超过2000米,最深处到达9174米,是世界上平均深度最深的海。

珊瑚海中真的有很多珊瑚。海域西侧的大堡礁南北绵延2000千米,是世界上最大的珊瑚礁群落。

塑造这一庞大奇观的却是小小的珊瑚虫。它们从海水中吸取碳酸钙,形成石灰质的外壳。一代代珊瑚虫的外壳积累起来,就能形成不同形态的珊瑚礁。

珊瑚海地处热带,几乎没有河流汇入,海水清澈,水下光线充足,因而非常适合珊瑚虫的生长,也有利于珊瑚礁的不断形成。

世界上最小的海还没有湖泊大吗？

大海似乎是辽阔宽广的代名词。但是有些海的面积竟然比不过很多大湖。

位于小亚细亚半岛和巴尔干半岛之间的马尔马拉海，东西长 280 千米，南北宽 80 千米，面积仅 1.1 万平方千米，是世界上面积最小的海。

马尔马拉海因海中的马尔马拉岛得名。这座岛上盛产大理石，而"马尔马拉"是希腊语中"大理石"的意思。

马尔马拉海面积虽小，却是交通要道。它东侧经博斯普鲁斯海峡和黑海相连，西侧通过达达尼尔海峡与爱琴海相连，是从黑海进入地中海的唯一通道。

马尔马拉海是土耳其的内海，将土耳其的领土分成了亚洲和欧洲两个部分。

黑海

达达尼尔海峡

博斯普鲁斯海峡

马尔马拉海

爱琴海

哪个海是世界上最浅的海?

亚速海位于乌克兰东南部与俄罗斯西南部之间,是一片相对封闭的海区,仅通过狭窄的刻赤海峡与黑海相连。

亚速海的平均深度只有7米,最深处只有14米,是世界上最浅的海。亚速海东北部的塔甘罗格湾,深度竟然只有1米,还没有标准的游泳池深。

亚速海是大西洋沿岸最深入内陆的海。如果一艘船要从大西洋驶入亚速海,需要先经直布罗陀海峡进入地中海,随后穿过爱琴海、马尔马拉海和黑海,才能最终抵达。

哪个海没有海岸?

海是大洋的边缘，通常来说会临近陆地。但位于北大西洋中部的马尾藻海却是世界上唯一没有海岸线的"洋中之海"。

马尾藻海实际上是被多条洋流环绕出的一个特殊区域：西部是墨西哥湾暖流，北边是北大西洋暖流，东侧是加纳利寒流，南方则是北赤道暖流。

马尾藻海的海水清澈而透明，水下能见度高达66米。海中生长着大量马尾藻属海藻，而鱼类等其他海洋生物则数量稀少。

这片海域曾经出现大量船只失事事件，成为航海者眼中的"海上坟地"。有传言说，巨大的海藻会将船只死死缠住，导致海难发生。

实际上更真实的原因是，马尾藻海一年四季风平浪静，海流微弱，常出现几乎无风的天气。于是，依靠风和洋流航行的船只一旦进入这片海域，常会失去动力，难以前进。

马尾藻海

用颜色命名的海有哪些?

地球上有四个大海以颜色命名,分别是黄海、红海、黑海和白海。它们的海水真的是这些颜色吗?

黄海

黄海位于中国大陆和朝鲜半岛间。在 12 ~ 19 世纪的 700 多年间,黄河携带着大量泥沙在今天的江苏北部汇入黄海,将海水染成了黄色。

红海

红海夹在非洲大陆和亚洲阿拉伯半岛间,南北狭长。红海的海水在大多数时候是蓝绿色的,但有时会因海藻的大量繁殖而呈现独特的红褐色。

黑海

黑海位于欧洲东南部与亚洲小亚细亚半岛间,最深处超过 2000 米,是世界最深的内海之一。古希腊的航海家发现黑海的水色比地中海更深、更黑,因而以"黑"命名。

白海

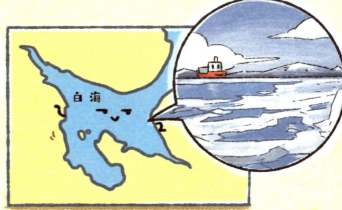

白海位于俄罗斯西北部,是北冰洋的边缘海。这里纬度很高,气候严寒。一年中,海面有超过 200 天被雪白的冰层覆盖。

21

潮差最大的海湾在哪里？

位于加拿大东南部的芬迪湾，是世界上潮差最大的海湾。这里的平均潮差将近 12 米，有记录的最大潮差达 21 米。

每次涨潮时，会有多达 1600 亿吨的海水涌进芬迪湾。这个水量超过全世界所有淡水河流量的总和。

而芬迪湾又是一个喇叭口形的海湾，内窄外宽，且越向里越浅。每当潮水到来时，涌入海湾的海水受两侧海岸的约束，拥挤升高。

加之海湾内海水逐渐变浅，波浪与海底发生摩擦，使进入海湾的海水速度减慢，"后浪叠前浪"，潮头越涌越高，在海湾最内侧达到顶峰。

汹涌的潮水，甚至会涌进在海湾入海的提佩科迪亚克河，将河水推高，导致逆向倒流的奇景。

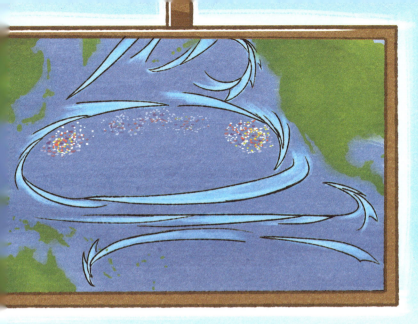

太平洋中心竟然有一座巨大的垃圾岛?

在美国西海岸、夏威夷和日本之间的北太平洋上，大量垃圾漂浮于水中，形成了东、西两片巨大的垃圾带，被称为"太平洋垃圾带"。

据估计，垃圾带上漂浮着超过7.9万吨海洋塑料，覆盖了约150万平方千米的洋面。

这一区域被南侧的北赤道暖流、西侧的日本暖流、北侧的北太平洋暖流和东侧的加利福尼亚寒流所环绕，水流相对静止。当海洋垃圾被洋流卷入后，在这里不断堆积起来。

漂浮的垃圾会对生活在附近水域的生物构成严重威胁。鸟类、鱼类和海洋哺乳动物会将它们当成食物，导致消化系统阻塞，近年来已经发现了很多动物因此死亡的案例。

垃圾中数量最多的塑料微粒还会像海绵一样不断吸附海洋中的重金属和污染物。当它们被生物误食后，会顺着食物链不断富集，最终影响到人类。

"米"有多长，是根据地球的大小确定的吗？

"米"是国际单位制中的基本长度单位。"米"的长度最初是根据地球的几何形状确定的。

1791年，法国科学院提出将通过巴黎的经线上，从赤道到北极点距离的千万分之一，定义为1米。这也是为什么地球的周长正好是4千万米的原因。

赤道

千万分之一

1m

为了让这一长度概念更容易被理解和认识，国际计量局用铂铱合金做了一件X形的米原器，以0℃时该器上两道刻度间的距离作为1米。

20世纪后，人们对长度单位的认识加深，米的定义也因此几经修改。在1983年召开的国际度量衡大会上，确定了米的最新定义"光在真空中于1/299792458秒内行进的距离是1米。"

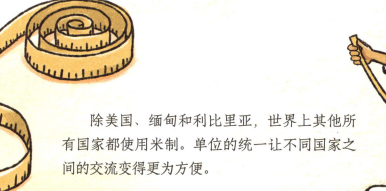

除美国、缅甸和利比里亚，世界上其他所有国家都使用米制。单位的统一让不同国家之间的交流变得更为方便。

人们出行时使用的导航系统是如何实现定位的?

今天,人们在出行时常常会用手机导航来定位并规划交通线路。这种便捷,是通过卫星导航系统来实现的。

一套卫星导航系统通常由 20 ~ 30 颗绕地球运行的卫星组成。无论你身处什么地方,都至少有 4 颗卫星可以定位到你。

卫星导航系统会比较不同卫星和接收设备间的距离以及信号传输的时间,然后利用几何学方法计算出目标的准确位置。

因此,只要你拥有手机等接收设备,就能收到卫星以光速传递的信号,几乎可以实时地获取自己的位置信息。

历史最久、应用最广的卫星导航系统是美国的全球定位系统(GPS)。近年来,中国的北斗卫星导航系统也已实现全球覆盖。俄罗斯、欧盟、印度、日本也有自己的卫星导航系统。

空间段

地面段

用户段

国际日期变更线为什么弯弯曲曲？

为了避免日期上的混乱，在 1884 年召开的国际经度会议上，人为规定 180° 经线为国际日期变更线，作为地球上"今天"和"昨天"的分界线。

每当人们经过国际日期变更线时，就需要调整一下日期。如果是自西向东经过国际日期变更线，日期要减一天；如果是由东往西经过国际日期变更线，日期则加一天。

但实际上，现在人们使用的国际日期变更线并不完全和 180° 经线重合，反而出现了多处弯折的地方。

这样调整是为了避免国际日期变更线穿越陆地，把一个国家分割成两个日期，造成生活中的不便。

1995 年，太平洋中部的岛国基里巴斯将原本位于国际日期变更线以东的莱恩群岛，划至国际日期变更线以西，这里也因此成为全球最早迎来新的一天的地方。

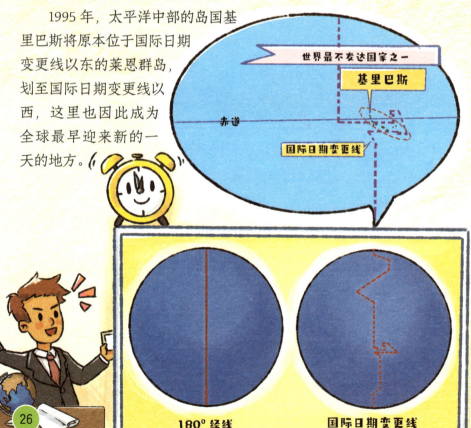

世界最不发达国家之一

基里巴斯

赤道

国际日期变更线

180° 经线

国际日期变更线

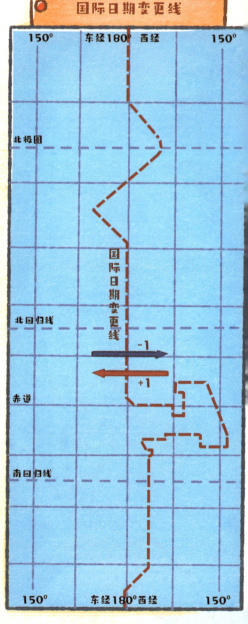

国际日期变更线

| 150° | 东经180° 西经 | 150° |

北极圈

北回归线

国际日期变更线

-1

+1

赤道

南回归线

| 150° | 东经180°西经 | 150° |

为什么从北京坐飞机去华盛顿会经过北冰洋？

中国和美国分别位于太平洋的西岸和东岸。数学老师告诉我们——两点之间，直线距离最短。那么从中国飞往美国，自然应该选择横跨太平洋的笔直航线。

但在现实生活中，从北京坐飞往华盛顿的飞机，却一路向北飞经北冰洋，再折向南前往美国，似乎多绕了一大圈。

通过简单的测量就能知道，飞越太平洋的"笔直"航线，长度超过 14000 千米；而"绕道"北冰洋的航线，长度仅 11000 千米。

实际上，这是平面地图造成的错觉，而真实的地球是一个球体。在地球上任意两点和地心做一平面，与地球表面相交的圆周称为"大圆"。

两点之间的大圆劣弧线（较短的那条弧），才是两点之间真正的最短距离，称为"大圆航线"。远程的国际航班基本是选择这条线路飞行，北京飞往华盛顿的航班也不例外。

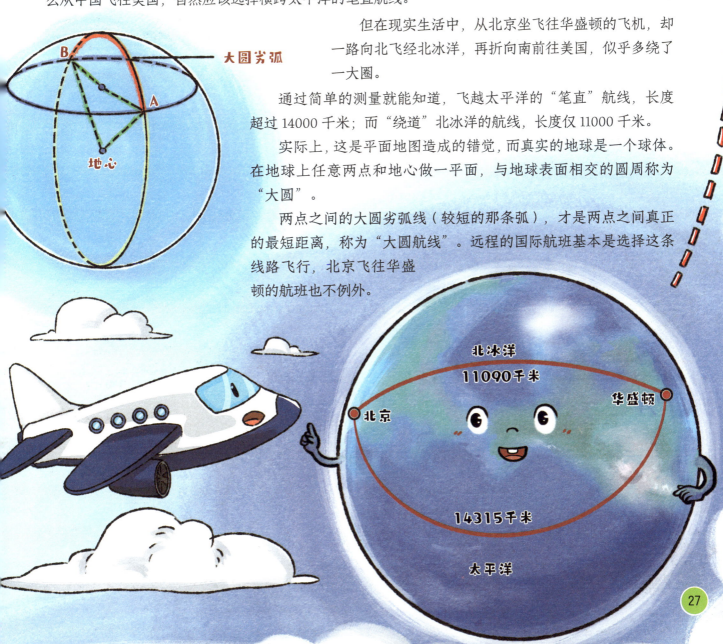

"北极航线"的开通有什么意义？

北冰洋地处高纬度地区，冬季漫长，绝大部分海面被海冰覆盖，阻碍了人们探索的脚步。

16 ~ 18 世纪，英国、荷兰、俄国等国的探险家陆续尝试探索北冰洋，开辟了从北大西洋经北冰洋进入太平洋，最终抵达东方的道路。

2012年9月13日

不过，当时的航海技术虽然取得了不少进步，但依然以木板结构为主，难以抵御坚实的海冰。在北冰洋中航行风险过高，欧洲各国还是转而选择了航行条件更好的线路。

和经过苏伊士运河、马六甲海峡的传统线路相比，北极航线的距离缩短了1/3，需要花费的时间也大大减少了，可降低远洋航行成本。

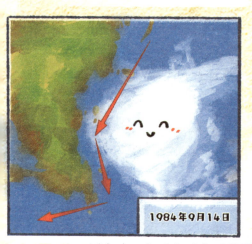

1984年9月14日

近年来，由于全球变暖的影响，北冰洋的海冰大量融化，覆盖面积减小，北冰洋可以通航的时间变得更长。北极航线重新受到了欧亚各国的青睐。

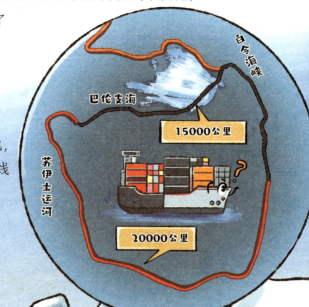

白令海峡

巴伦支海

苏伊士运河

15000公里

20000公里

哥伦布发现美洲新大陆，是因为地理没学好吗？

15世纪，欧洲通往亚洲的陆路交通被奥斯曼土耳其帝国所阻，无法获得亚洲的香料、黄金和其他商品。哥伦布自幼热爱航海。他相信地球是圆的，因此只要向西航行，就能找出另一条前往东亚的航线。

哥伦布带着自己的"计划书"，找到葡萄牙的国王若昂二世寻求资助，却遭到了无情拒绝。理由很简单——哥伦布的地理没学好。根据他的计算，只需要向西航行约4000千米就能到达亚洲，而实际上这个距离应超过20000千米。

葡萄牙是当时地理和航海领域的"学霸"，一下就发现了哥伦布的错误。但葡萄牙的邻居西班牙的地理知识也不太扎实，又眼红葡萄牙的航海成就，于是一拍即合，王后甚至拿出自己的私房钱，资助哥伦布远航。

第一次航线
第二次航线
第三次航线
第四次航线

1492年8月3日清晨，哥伦布带着西班牙王室给印度君主和中国皇帝的国书，率领三艘帆船和87名水手，从西班牙巴罗斯港扬帆出海，向西航行，寻找通往亚洲的航路，却"误打误撞"地发现了美洲新大陆。

哥伦布后来又进行过三次前往美洲的航行，然而直到1506年逝世，他始终认为自己到达的是印度。正因如此，北美洲东部加勒比海中的一系列岛屿，叫作"西印度群岛"。而生活在北美洲的原住民，则被称为"印第安人"。

三角贸易是如何产生的？

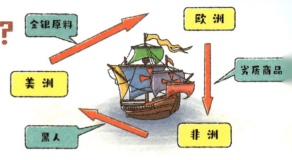

三角贸易

哥伦布发现美洲后，欧洲人为了更好地开发美洲，赚取超额的商业利润，开启了跨越欧洲、非洲、美洲三地的"三角贸易"。

欧洲人的贸易船只从欧洲出发，向南航行到非洲西部的港口，用纺织品、军火、酒精等工业制品向非洲各部族的酋长换取被奴役的非洲黑人。

随后，装满奴隶的贸易船只横跨大西洋，航行到美洲，将奴隶卖出。这些奴隶会被迫在种植园中工作，生产欧洲需要的糖、棉花、烟草等经济作物。

最后，贸易船只装上各种农产品、原材料和金银，返回欧洲。这样一次完整的三角航程大约需要6个月，而商人可以通过3次贸易获得100%～1000%的巨额利润。

三角贸易的航线受到风和洋流的巨大影响：顺着加纳利寒流南下非洲，受益于赤道暖流和信风西行美洲，又在墨西哥湾暖流和西风带的助力下东返欧洲。

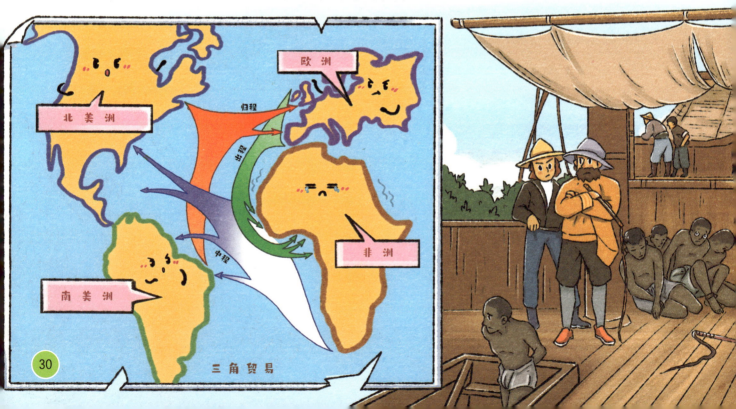

三角贸易

世界上距离陆地最远的地方在哪里？

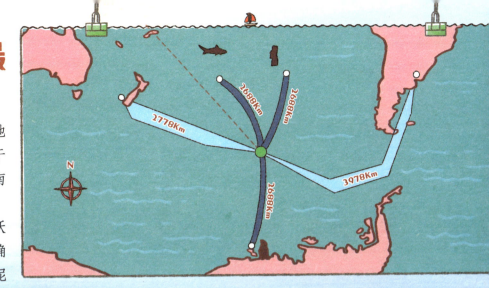

地球表面距离陆地最遥远的地点，被称为"海洋难抵极"。它位于南太平洋中央地区，经纬度位置为南纬48°52.6′、西经123°23.6′。

1992年，加拿大科学家赫尔沃耶·卢卡泰拉通过计算机程序，确认了这一地点，并为它起了一个昵称——尼莫点。这个名称来自法国小说《海底两万里》中的尼莫船长，而尼莫在拉丁语中也恰好是"无人"的意思。

距离尼莫点最近的陆地，是它北方、东北方和南方的三座岛屿：皮特凯恩群岛中的迪西岛、复活节岛西南角的莫图努伊岛和南极洲边缘的马厄岛，它们到尼莫点的距离都有2688千米之遥。

尼莫点人迹罕至。大多数情况下，距离这里最近的人类，是划过南太平洋上空的国际空间站中的航天员。他们距离地面只有400千米左右！

正因如此，尼莫点附近的海域也成了各国航天器的"公墓"。很多国家会优先选择这里作为停用航天器的坠落地点，以免它们的残骸伤害到人类。

世界上距离海洋最遥远的地方在哪里？

距离海洋最遥远的点，被称为"大陆难抵极"。每个大陆都有自己的难抵极，但亚欧大陆的难抵极是所有大陆中距离海洋最远的。

根据科学家的测算，这个地点位于我国新疆的西北部，靠近我国与哈萨克斯坦的国界。

距离这里最近的海洋，是北侧属于北冰洋的鄂毕湾，以及南侧属于印度洋的阿拉伯海和孟加拉湾，距离都超过了 2500 千米。而距离太平洋和大西洋就更为遥远了。

由于远居内陆，来自海洋的水汽无法到达，这里气候极为干燥，多沙漠和戈壁，不太适合人类居住和发展。

新疆的首府乌鲁木齐，则是世界上距离海洋最远的大城市，人口超过 400 万，被称为"亚心之都"。

乌鲁木齐

世界上有哪些国家跨越了不同的大洲？

苏伊士运河是亚洲与非洲的边界。埃及地跨非亚两洲，主体部分地处非洲，但东北部的西奈半岛位于苏伊士运河以东，属于亚洲。

土耳其海峡是亚洲和欧洲的水域分界线。土耳其的主要领土和首都安卡拉位于亚洲，但著名的城市伊斯坦布尔却位于欧洲。

南北美洲的分界线是著名的巴拿马运河，而巴拿马的领土也被运河划为两半，分属两洲。

以乌拉尔山、乌拉尔河为界，俄罗斯被分为欧洲与亚洲两部分。亚洲部分的领土面积更大，但经济中心和人口主要集中在欧洲。哈萨克斯坦同样有部分位于乌拉尔河以西、属于欧洲的领土。

大高加索山脉也是亚洲和欧洲的界山。它附近的阿塞拜疆和格鲁吉亚两国，都是地跨两洲国家。

印度尼西亚岛屿众多，被誉为"千岛之国"。该国大部分岛屿属于亚洲，但最东部属于大洋洲的新几内亚岛，也有一半是印度尼西亚的领土。

世界上仅有的两个双重内陆国是哪两个？

四面都和陆地接壤，完全没有海岸线的国家，被称为"内陆国家"。全球共有44个内陆国家，阿富汗、埃塞俄比亚、匈牙利、玻利维亚等都是内陆国家。

"双重内陆国"是指一个国家不仅自己是内陆国家，且周围所有邻国也都是内陆国家。世界上的双重内陆国只有乌兹别克斯坦和列支敦士登两个。

乌兹别克斯坦位于亚洲中部，与土库曼斯坦、哈萨克斯坦、吉尔吉斯斯坦、塔吉克斯坦和阿富汗五个国家接壤。而这五个国家，全部都是内陆国家。

列支敦士登地处欧洲中部，国土面积仅160平方千米，不到我国北京市的1/100。它处于瑞士和奥地利两个内陆国家之间。

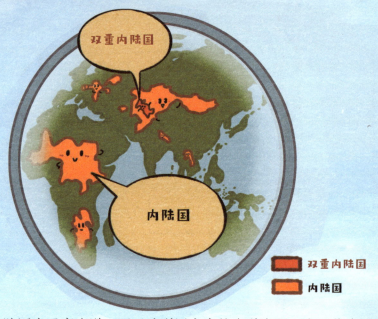

双重内陆国

内陆国

■ 双重内陆国
■ 内陆国

内陆国家远离海洋，既无法利用丰富的海洋资源，也不能享受海洋运输之便，在如今的全球化时代会遇到很多发展困难，双重内陆国更是如此。

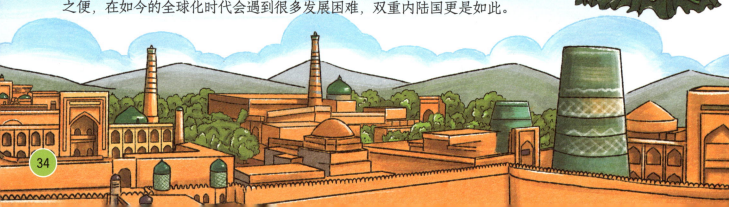

世界上有哪些"国中之国"？

一个国家的领土完全被另外一个国家所包围，就被称为"国中之国"。真正满足这一条件的国家，全世界只有三个：梵蒂冈、圣马力诺和莱索托。

"国中之国"能够形成，往往有着特殊的历史因素和一点点偶然因素。在漫长的历史过程中，它们没有被包围它们的国家所吞并，堪称奇迹。

梵蒂冈位于意大利罗马城西北角，面积只有 0.44 平方千米，人口仅 540 人，是世界上人口最少的国家。但梵蒂冈的统治者教皇却拥有着至高无上的神权，是全世界十多亿天主教徒的精神领袖。

圣马力诺也是一个被意大利包围的袖珍国家。因为在意大利统一运动中曾经帮助意大利国父加里波第躲避追杀，得以获得作为独立主权国家延续的承诺，一直保持到今日。

圣马力诺共和国

被南非包围的莱索托是面积最大的"国中之国"。莱索托历史上曾是英国殖民地，叫"巴苏陀兰"，在第二次世界大战后实现独立。不过，莱索托经济落后，是世界最不发达国家之一。

国中之国莱索托

什么是飞地?

　　飞地是指一块土地属于某一个行政区管辖,但却不和这个行政区相连的特殊情况。也就是说,如果你想从这一行政区前往自己的飞地,必须飞越其他行政区。

　　飞地的成因十分复杂,有的与历史上的战争冲突、疆域变迁有关;有的则处于边缘地带,不同民族、宗教的人群交错居住,导致政府难以控制管理。

　　加里宁格勒是俄罗斯的一块飞地。这里原是德国领土,第二次世界大战后归属苏联。1991年苏联解体后,原属苏联的立陶宛和白俄罗斯独立,使得加里宁格勒和俄罗斯本土分割开来。

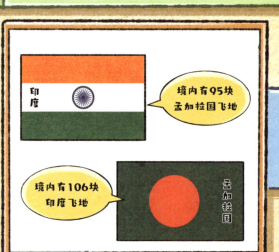

境内有95块孟加拉国飞地

境内有106块印度飞地

　　印度和孟加拉国边境的库奇—比哈尔地区曾经有世界上最复杂的飞地。孟加拉国境内有106块印度飞地,印度境内则有95块孟加拉国飞地,甚至还有飞地套飞地的情况,给当地的居民生活带来了很大不便。

　　第二次世界大战后,德国分裂成西德和东德,首都柏林也被分成西柏林和东柏林两部分,西柏林四周被东德领土包围,形成了飞地。1990年,这一著名的飞地随着德国统一而不复存在。

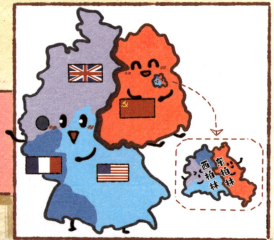

世界上竟然有没人要的领土？

每个国家或许都希望自己的领土越多越好，因此很多国家间存在领土争端。但在非洲东北部，却有一块叫"比尔泰维勒"的区域，至今无人认领。比尔泰维勒位于埃及和苏丹两国之间，面积超过 2000 平方千米。但埃及和苏丹两国却都对这片土地"视而不见"，都不想将它纳入自己的国土。

这一奇怪现象的产生还要追溯到英国殖民时期。1899 年，英国将埃及和苏丹的边界划定在北纬 22°。

但仅 3 年后，英国又以居民的文化传统为由，对边界做出了调整：将位于北纬22° 以南的比尔泰维勒划给埃及，而将北纬22° 以北的哈拉伊卜划归了苏丹。

哈拉伊卜的面积是比尔泰维勒的十倍左右，拥有出海的港口，远胜于身居内陆、土地贫瘠的比尔泰维勒。因而，两国都声称拥有哈拉伊卜的主权，而不承认比尔泰维勒属于自己，以免"捡了芝麻，丢了西瓜"。

这个圈里生活的人竟然超过圈外？

　　世界上的人口分布极不均衡，有的地方人口众多，有的地方人烟稀少。令人难以置信的是，如果在地图上画一个这样的圈。生活在这个圈内的人口，竟然超过生活在这个圈外的人口。

　　世界人口最多的两个国家——中国和印度，都在这个圈内。到 2021 年，中国人口已超过 14 亿，印度人口达到了 13.8 亿。位于这个圈内的印度尼西亚和巴基斯坦，人口在 2 亿以上。孟加拉国、日本、菲律宾、越南的人口也都超过了 1 亿。

　　人口的多少与地形、气候、水源等自然条件紧密相关，也受到历史、文化、农业、经济等社会条件的影响。

世界上最长的地名是什么?

　　曼谷是泰国的首都，也是泰国最大的城市。它的英文全名竟然有 167 个字母，被吉尼斯世界纪录登记为世界最长的地名。

　　1782 年，拉玛一世国王将都城从湄南河以西迁到了河东的曼谷，在此建造宫殿、修筑城墙、开通街道，奠定了曼谷城市发展的基础。

　　拉玛一世和他的后人为这座重要的城市起了一个与众不同的名字——Krungthepmahanakhon Amonrattanakosin Mahintharayutthaya Mahadilokphop Noppharatratchathaniburirom Udomratchaniwetmahasathan Amonphimanawatansathit Sakkathattiyawitsanukamprasit，它的意思是"天使之城，宏伟之城，永恒的宝石之城，永不可摧的因陀罗之城，世界上赋予九个宝石的宏伟首都，快乐之城，充满着像统治转世神之天上住所的巍峨皇宫，一座由因陀罗给予、毗湿奴建造的城市"。

　　大多数泰国人也无法记住如此长的名字。为此，有一支泰国乐队专门将曼谷的全称编成了一首歌，方便大家跟着节奏记忆背诵。

南非为什么有三个首都？

首都是一个国家的中央政府所在地，扮演着政治中心的角色。通常来说，一个国家只有一个首都。

但有一个神奇的国家却拥有三个首都，这个国家就是南非。南非宪法规定：南非的行政首都为比勒陀利亚、立法首都为开普敦、司法首都为布隆方丹。

1910年，英国将英属殖民地以及两个布尔人建立的国家德兰士瓦共和国和奥兰治自由邦合并，成立了统一的南非联邦，也就是今天南非共和国的前身。

南非联邦成立，定都却成了让人头疼的问题。为了平衡各方利益，最终决定将英国殖民地内最大的城市开普敦、德兰士瓦共和国原来的首都比勒陀利亚和奥兰治自由邦原来的首都布隆方丹都设为了首都。

由于管理上的不便和高昂的成本，南非曾经有过多次合并首都的建议。不过，受各方利益的牵扯，三都鼎立的状况还是一直延续到了今天。

你们好！

行政首都 比勒陀尼亚

司法首都 布隆方丹

立法首都 开普敦

巴西为什么要搬迁首都?

1763 年，葡属巴西将首都迁往东南沿海的里约热内卢。1822 年，巴西独立，依然以里约热内卢作为首都。

里约热内卢气候适宜，物产丰富，经济十分发达。更重要的是，这里是一处天然深水良港，适合远洋巨轮停泊，有利于发展海外贸易。

不过，第二次世界大战后，巴西经济发展迅速，里约热内卢人口急剧膨胀，造成城市拥挤、交通拥堵、环境恶化等一系列问题。而巴西内陆地区却亟待发展。

于是，巴西再次决定迁都。1960 年，一座现代化的城市巴西利亚在内陆高原地区拔地而起，成了巴西的新首都。这次迁都带动了巴西内地的发展，也使里约热内卢重获新生。

庞贝古城是如何消失的?

意大利地处非洲板块和亚欧板块交界处，板块运动强烈，分布着多座活跃的火山。

维苏威火山位于意大利西南海岸，1.2 万年以来始终保持着活跃的状态。在火山口附近，常会看到大量上升烟雾。

在火山脚下，那不勒斯湾旁，有一座著名的古城——庞贝。它曾是古罗马第二大城市，仅次于首都罗马。

公元 79 年，维苏威火山突然爆发，将古罗马城市庞贝掩埋在 6 米厚的火山灰下，把这座繁华的城市彻底抹去，城中的居民也在刹那间遭受灭顶之灾。

1763 年，考古学家发现庞贝的遗迹，使这座沉睡千余年的城市重见天日。火山灰凝固了庞贝人最后的生活场景与身姿，让我们遥见天灾之下生命与文明的脆弱。

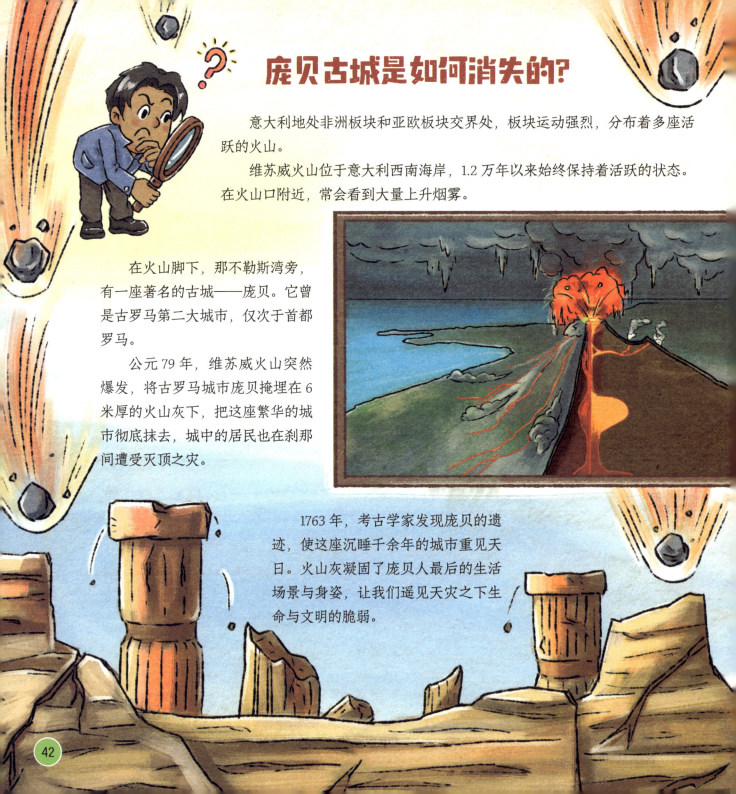

化石燃料什么时候会用完?

自工业革命以来，化石燃料已经为整个世界提供了数百年的能量来源。直到今天，化石燃料仍是最主要、最稳定的能源。

但是，化石燃料属于不可再生资源。它们的形成需要数百万年的时间，而消耗的速度又极快。一旦地下的化石燃料全部被开采出来，就不会再有了。

煤　石油　天然气

三大化石燃料

一些科学家认为，我们已经消耗了地球上近一半的化石燃料。按人类目前使用化石燃料的速度，我们很可能会在 21 世纪末用光所有石油和天然气，在 22 世纪初耗尽所有煤炭。

由于新矿藏的发现和技术的进步，可开采的化石燃料在未来依然有可能增加。但我们都知道，总有一天化石燃料会被消耗殆尽，而且过量地使用它们还会对环境造成巨大伤害。

正因如此，科学家们一直在努力寻找绿色洁净、可以再生的新能源，希望在化石能源枯竭前可以找到可靠的替代品。

"北京时间"不是北京的时间吗?

"现在是北京时间 12 点整。"当你听到这句熟悉的时间播报声时,其实北京的当地时间还没到 12 点。

"北京时间"通常指的是中国的标准时间,使用的是东经 120°的地方时。这一时间是时区中东八区的时间,比世界标准时间早 8 小时。

北京位于东经 116° 23′,所以北京真正的地方时比"北京时间"要晚约 14 分 28 秒。

我国虽然东西地跨五个时区,但在 1949 年中华人民共和国成立后,都统一采用了北京时间作为标准时间,以方便各地间的交流。

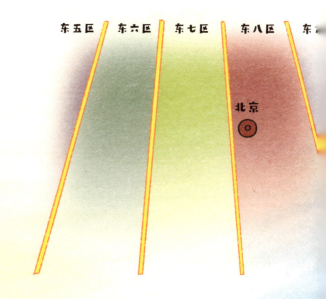

不过,负责发布准确时间的中国科学院国家授时中心却被建立在了陕西省蒲城县,因为这里接近中国的地理中心,更便于向全国各地播报时间。

陕西省蒲城县

中国面积最大的省级行政单位是哪个？

中国陆地面积大约 960 万平方千米，被划分为 34 个省级行政单位，包括 23 个省、5 个自治区、4 个直辖市和 2 个特别行政区。

其中，面积最大的省级行政单位是新疆维吾尔自治区，面积约 166 万平方千米，约占全国陆地面积的六分之一。

新疆维吾尔自治区

青海省

如果不计算自治区，在所有真正的"省"中，陆地面积最大的是青海省，面积约 72 万平方千米。

SUMMER

海南省的陆地面积只有 3.5 万平方千米，是所有"省"中陆地面积最小的。只比北京、天津、上海三个直辖市及香港、澳门两个特别行政区面积大。

但是，中国其实还有大约 300 万平方千米的海洋国土。其中海南省就管辖着约 200 万平方千米。因此，如果这样计算，海南省会成功"逆袭"成为我国面积最大的省。

中国面积最大的市是哪个？

省级行政单位之下的一级行政区称为地级行政单位，包括地级市、地区、自治州、盟四类。

2012 年，海南省三沙市正式成立，管理西沙群岛、中沙群岛和南沙群岛所有岛礁及其海域，包括 27 平方千米的陆地和约 200 万平方千米的海域，是中国总面积最大的地级市。

位于内蒙古东北部的呼伦贝尔市面积为 25.3 万平方千米，曾是中国陆地面积最大的地级市，大小与英国相当。

呼伦贝

2018 年，西藏那曲市正式成立，以 43 万平方千米的面积，超越呼伦贝尔市，成为中国陆地面积最大的地级市。它的大小与瑞典相当。

那 曲 市

地处新疆东南部的巴音郭楞蒙古自治州，则是陆地面积最大的地级行政单位，面积达到 47.15 万平方千米，约等于 5 个韩国的面积。

巴音郭楞蒙古自治州

中国面积最大的县是哪个？

地之下的一级行政区是县级行政单位，包括县、自治县、县级市、旗、市辖区等不同类别。

中国最大的县是新疆的若羌县，面积达 20.2 万平方千米，几乎相当于朝鲜和韩国的面积之和。

若羌县位于塔里木盆地东部、塔克拉玛干沙漠东南缘，是西汉时期楼兰国的故地。这里人口稀少，全县仅 6 万余人，可能还没有北京的一个小区人多。

新疆

若羌县

中国第二大的县是新疆的且末县，与安徽省的面积接近，相当于约八个北京市。

有趣的是，且末县和若羌县都属于同一个地级单位：巴音郭楞蒙古自治州（巴州）。由此也可见巴州之大！

新疆

且末县

47

中国的南北方是如何划分的?

中国幅员辽阔,南北方环境有很大不同。1908年,中国地理学家张相文第一次提出以秦岭—淮河一线作为中国的南北分界线。此后,这一说法逐渐得到了学术界的认同。

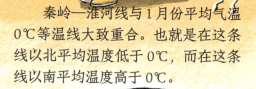

秦岭—淮河线与1月份平均气温0℃等温线大致重合。也就是在这条线以北平均温度低于0℃,而在这条线以南平均温度高于0℃。

因此,秦岭—淮河线就成为亚热带和暖温带的分界线,冬天河流是否结冰的分界线,以及冬天树木是否落叶的分界线。

秦岭—淮河线也与年降水量800毫米等降水量线大致重合,成为湿润地区和半湿润地区的分界线。

秦岭—淮河线南北明显的自然环境差异,在几千年来一直影响着人们的生活,使南方人和北方人在生活习惯、生产方式、文化、性格方面都形成了很多不同。这确实是一条神奇的分界线!

北 方

秦岭

淮河

南 方

南方　北方

"胡焕庸线"有什么神奇的地方?

中国另一条神奇的界线,则是一条在现实世界中看不见的线。它北起黑龙江黑河,一路向西南延伸,直至云南腾冲,被称为"黑河—腾冲线"。

1933年,地理学家胡焕庸根据当时的人口分布图和人口密度图第一次提出了这一概念。因此,这条分界线也被称为"胡焕庸线"。

黑河

胡焕庸线

北京 ★

腾冲

黑河—腾冲线体现了中国人口分布的巨大差异:此线以东,在43.8%的国土面积上生活着中国94%左右的人口;此线以西,在56.2%的国土面上却只生活着中国6%左右的人口。

最厉害的是,这条线自提出已经经过了近90年,而线两边的人口比例却没有明显变化,说明人口分布受到自然环境等更重要因素的长期影响。

铁马秋风塞北。

杏花春雨江南。

黑河—腾冲线东南部,主要受东南季风影响,多平原丘陵、降水丰沛,适合人类生活;黑河—腾冲线西北部,主要属非季风区和青藏高原,多高原、沙漠,降水稀少,不太适合人类生活。

49

黄河为何会变成"地上河"？

通常来说，流动的河流会不断向下侵蚀所流过的地方，形成河床低于两侧地面的河道。但如果水流速度较慢，河水中所携带的泥沙就会沉积下来，不断抬升河道，形成"地上河"。

黄河是世界上输沙量最大的河流，源源不断地将黄土高原的泥沙带入下游。在开封附近，黄河已经成为高出地面十余米的"地上河"。

高悬半空的黄河，一旦发生洪水就会倾泻而下，给沿岸的城市带来"灭顶之灾"，淹没大片的房屋和农田。

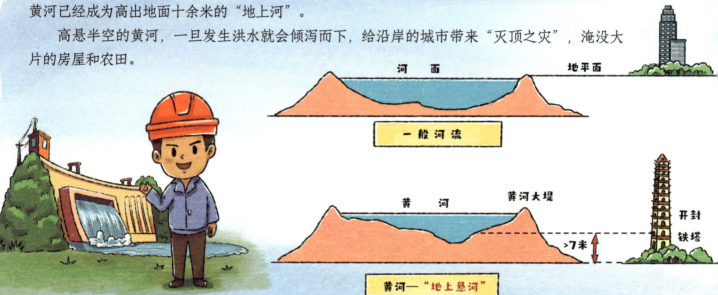

河面　　　　地平面

一般河流

黄河　　　黄河大堤

>7米

开封
铁塔

黄河—"地上悬河"

在古代，人们就会通过加高堤坝等方式加强防洪，但并不能真的控制住黄河。历史上，黄河不仅水患频繁，甚至还发生过多次改道。

近年来，我们通过植树造林等方式改善了黄土高原的自然环境，减少了进入黄河的泥沙；又建设了小浪底等水利工程，对河水进行人工调蓄，有效地改善了黄河下游的泥沙淤积问题。

中国有几个南极科学考察站?

南极洲气候酷寒，至今没有常住居民，只有来自不同国家的科学考察人员在科学考察站中短期居住，开展极地研究工作。

长城站位于南极洲西南，乔治王岛南部，是中国在南极建立的第一座科学考察站，于1985年2月20日正式开站。限于当时的技术条件，这座考察站既不在南极大陆上，也不在南极圈内。

中山站位于南极大陆东部的拉斯曼丘陵，于1989年建成，是中国第一座位于南极圈内、南极大陆上的科学考察站。

昆仑站位于南极大陆内部冰穹A最高点附近，海拔4087米，是中国第一座内陆科学考察站，也是人类在南极地区建立的海拔最高的科学考察站。

泰山站地处中山站和昆仑站之间的伊丽莎白公主地，可为昆仑站提供更好的支持和保障。位于罗斯海沿岸的第五座考察站正在建设中。

长城站欢迎您！

中国南极昆仑站

长城站

中山站

昆仑站

泰山站

罗斯海新站

中国南极科学考察站分布
● 已投入使用
● 建设中

在北极，竟然也有中国的科学考察站?

2000 年左右，中国开始对北极地区的科学考察，但由于没有固定的科学考察站，无法进行长期的深入研究。

和南极地区不同，北极圈内的核心区域是海洋，无法建立永久的科学考察站。而边缘地区的陆地分属加拿大、美国、俄罗斯、挪威等国家，也无法获得建站的权利。

1596 年，著名探险家巴伦支发现了位于挪威以北、北极圈内的斯瓦尔巴群岛。

1920 年，18 个国家在法国巴黎共同签订了《斯瓦尔巴条约》，约定"尊重挪威对斯瓦尔巴群岛的所有权"，但各国都有权在这里进行"科学考察"和"商业活动"。1925 年，中国成为这一条约的缔约国。

由此，中国获得了在斯瓦尔巴群岛建立科学考察站的法律依据。2004 年，中国第一个北极科学考察站黄河站在此建立，成为北极科学考察的基地。

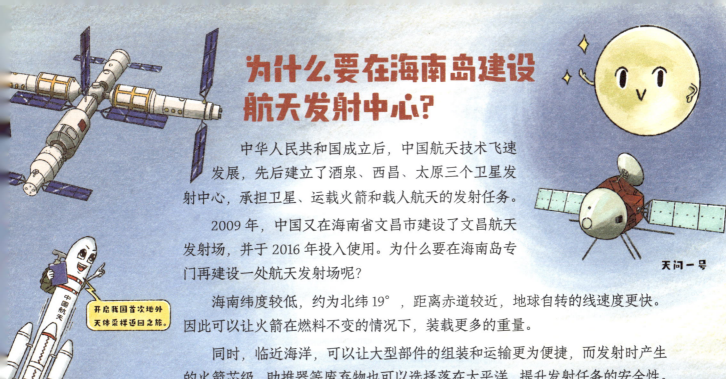

为什么要在海南岛建设航天发射中心?

中华人民共和国成立后,中国航天技术飞速发展,先后建立了酒泉、西昌、太原三个卫星发射中心,承担卫星、运载火箭和载人航天的发射任务。

2009年,中国又在海南省文昌市建设了文昌航天发射场,并于2016年投入使用。为什么要在海南岛专门再建设一处航天发射场呢?

海南纬度较低,约为北纬19°,距离赤道较近,地球自转的线速度更快。因此可以让火箭在燃料不变的情况下,装载更多的重量。

同时,临近海洋,可以让大型部件的组装和运输更为便捷,而发射时产生的火箭芯级、助推器等废弃物也可以选择落在太平洋,提升发射任务的安全性。

近年来,天问一号、嫦娥五号、天宫空间站的天和核心舱等重要发射任务都是在文昌航天发射场完成的。

天问一号

开启我国首次地外天体采样返回之旅。

嫦娥五号探测器

53

图书在版编目（CIP）数据

绕不开的地理常识.6,地理冷知识TOP100.下 / 朱岩编著；石子儿童书绘. —— 北京：电子工业出版社，2024.1

（超级涨知识）

ISBN 978-7-121-46716-5

Ⅰ.①绕… Ⅱ.①朱… ②石… Ⅲ.①地理 – 少儿读物 Ⅳ.①K9-49

中国国家版本馆CIP数据核字（2023）第227856号

责任编辑： 季　萌
印　　刷： 当纳利（广东）印务有限公司
装　　订： 当纳利（广东）印务有限公司
出版发行： 电子工业出版社
　　　　　 北京市海淀区万寿路173信箱　邮编：100036
开　　本： 889×1194　1/20　印张：16.2　字数：421.2千字
版　　次： 2024年1月第1版
印　　次： 2024年1月第1次印刷
定　　价： 148.00元（全6册）

凡所购买电子工业出版社图书有缺损问题，请向购买书店调换。若书店售缺，请与本社发行部联系，联系及邮购电话：（010）88254888，88258888。

质量投诉请发邮件至zlts@phei.com.cn，盗版侵权举报请发邮件至dbqq@phei.com.cn。

本书咨询联系方式：（010）88254161转1860，jimeng@phei.com.cn。